8° Q
1496
(1885)

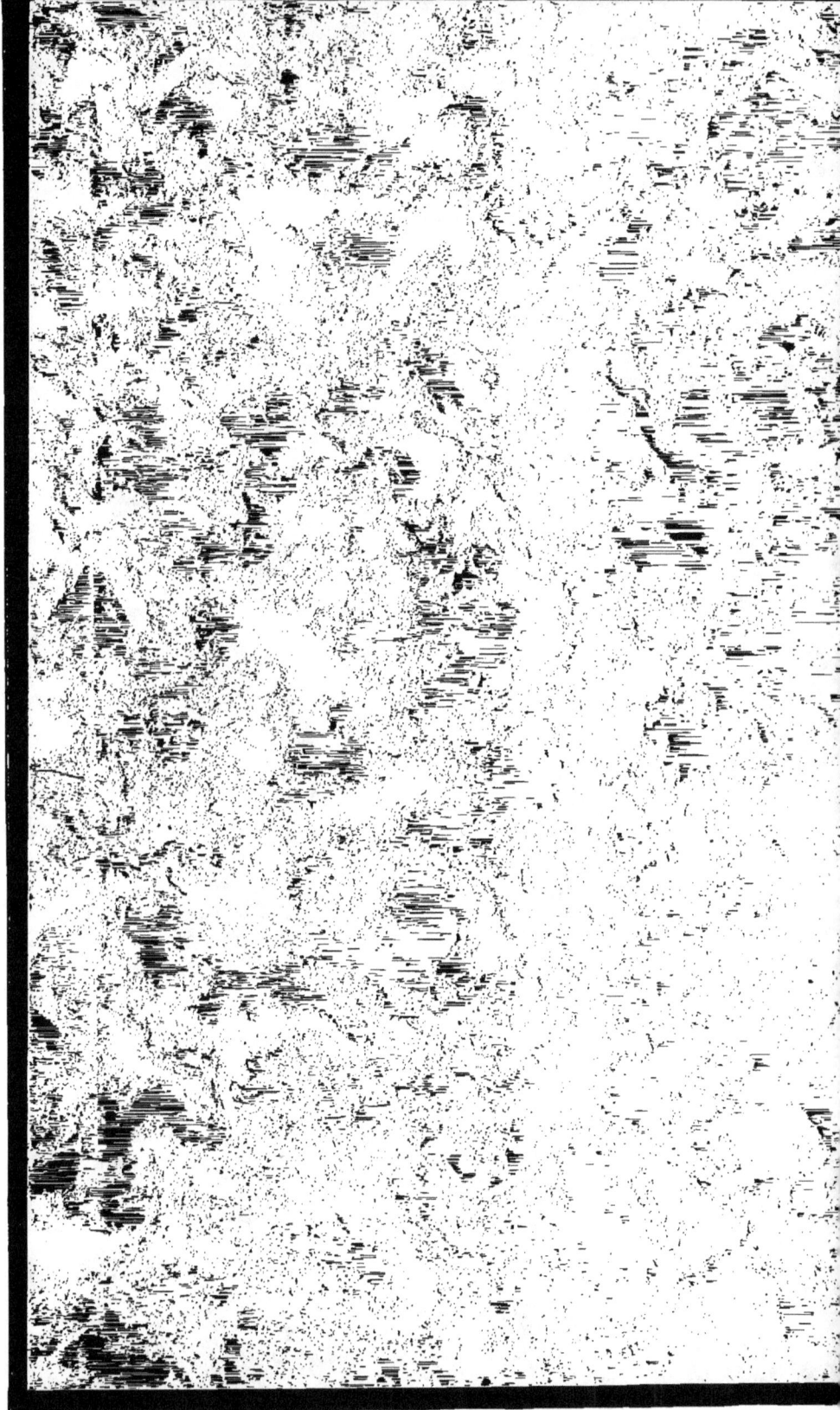

SOCIÉTÉ BELFORTAINE D'ÉMULATION

CATALOGUE

DE LA

BIBLIOTHÈQUE POPULAIRE

DE BELFORT

BELFORT
TYPOGRAPHIE & LITHOGRAPHIE A. PÉLOT

1885

CATALOGUE

DE

LA BIBLIOTHÈQUE POPULAIRE

LITTÉRATURE

1	*Albert.*	Poésie, 1 v.
2	id.	Prose, 1 v.
3-4	*Artaud.*	Tragédies d'Euripide, 2 v.
5	*Bataillard.*	L'âne glorifié, 1 v.
6-7	*Boileau.*	Œuvres complètes, 2 v.
8	*Chasles.*	Études sur le moyen-âge, 1 v.
9	id.	Études sur l'Allemagne, 1 v.
10	id.	Études sur l'Espagne, 1 v.
11-13	*Chateaubriand.*	Génie du Christianisme, 3 v.
14-15	*Cousin.*	La Société française, 2 v.
16	id.	Mme Sablé, 1 v.
17	id.	Jeunesse de Mme de Longueville, 1 vol.
18	id.	Mme de Longueville pendant la Fronde, 1 v.
19	id.	Mme Chevreuse, 1 v.
20	id.	Jacqueline Pascal, 1 v.
21	*Enault.*	Werther, 1 v.
22	*Fromentin.*	Les maîtres d'autrefois, 1 v.
23-24	*Gautier.*	Beaux-Arts en Europe, 2 v.
25	id.	Les Grotesques, 1 v.
26	id.	Constantinople, 1 v.
27	*Gebhard.*	Rabelais, 1 v.

28-29	*St-M. Girardin.*	Cours de littérature, 2 v.
30-32	*id.*	Littérature dramatique, 3 v.
33-36	*E. de Girardin.*	Le vicomte de Launay, 4 v.
37-38	*Heine.*	Reisebilder, 2 v.
39	*id.*	Drame et fantaisie, 1 v.
40	*id.*	Lutèce, 1 v.
41	*Homère.*	Œuvres complètes, 1 v.
42-47	*J. Janin.*	Littérature dramatique, 6 v.
48	*id.*	Le Talisman, 1 v.
49	*Darmstetter.*	Histoire de la littérature au XVIe siècle, 1 v.
58-51	*Alp. Karr.*	Les Guêpes, 2 v.
52-53	*Anonyme.*	Anthologie grecque, 2 v.
54	*Laboulaye.*	Mémoires de Franklin, 1 v.
55	*id.*	Etudes sur l'Allemagne, 1 v.
56	*id.*	Etudes morales, 1 v.
57	*Lenient.*	La Satire en France, 1 v.
58	*Lesage.*	Estevanille-Gonzalès, 1 v.
59	*id.*	Aventures du chevalier Beauchène, 1 vol.
60	*id.*	Don Quichotte, 1 v.
61	*id.*	Théâtre et mélanges, 1 v.
62-64	*Lessing.*	Théâtre, 3 v.
65-67	*Ménechet.*	Littérature moderne, 3 v.
68	*Anonyme.*	Le marquis de St-Evremont, 1 v.
69	*Michelet.*	L'insecte, 1 v.
70	*id.*	L'oiseau, 1 v.
71	*id.*	La sorcière, 1 v.
72-73	*Molière.*	Œuvres, 2 v.
74	*Mouravit.*	Le livre et la petite bibliothèque d'amateur, 1 v.
75	*Nerval.*	Souvenirs d'Allemagne, 1 v.
76	*Hinard.*	Théâtre de Caldéron, 1 v.
77	*Pascal.*	In Mémoriam, 1 v.
78	*P. Desvilde.*	Faust de Gœthe, 1 v.
79	*id.*	Second Faust de Gœthe, 1 v.
80	*Prevost Paradol.*	Etude des moralistes français, 1 v.
81	*Prudhon.*	Les majorats littéraires, 1 v.

82-84	Quicherat.	Adolphe Nourrit, 3 v.
85	Rigault.	Conversations littéraires, 1 v.
86-87	Ronsard.	Poésies, 2 v.
88-89	Sacy	Variétés littéraires, 2 v.
90	Lucien.	Œuvres de Lucien, 1 v.
91	Sady.	Gulisman, 1 v.
92	Servadio.	Littérature italienne, 1 v.
93	Anonyme.	Œuvres choisies de Fénélon, 1 v.
94-95	Taine.	Essai de critique, 2 v.
96	id.	Littérature anglaise, 1 v.
97	id.	Essai sur Tite-Live, 1 v.
98	id.	Notes sur Paris, 1 v.
99	Wolter.	Les catacombes de Rome, 1 v.
100	Werder.	Librairie française, 1 v.
101	Anonyme.	Œuvres de Macaulay, 1 v.
102-116	Ste-Beuve.	Causeries du Lundi, 15 v.
117-129	id.	Nouveaux Lundis, 13 v.
130-135	id.	Port Royal, 6 v.
136-139	id.	Portraits contemporains, 4 v.
140-142	id.	Portraits littéraires, 3 v.
143	id.	Portraits de femmes, 1 v.
144-145	id.	Chateaubriand, 2 v.
146-148	Shakespeare.	Les apocriphes, 3 v.
149	id.	Les amis, 1 v.
150	id.	La famille, 1 v.
151	id.	La Société, 1 v.
152-153	id.	La Patrie, 2 v.
154	id.	Les Farces, 1 v.
155	Labruyère.	Caractères, 1 v.
156	Abram.	Le Panthéon de la fable, 1 v.
157	Anonyme.	Chefs-d'œuvres de Corneille, 1 v.
158	Anonyme.	Œuvres poétiques de Malherbe, 1 vol.
159	Belmontet.	Poésie des larmes, 1 v.
160	Douillon.	Les mystères du cœur, 1 v.
161	Joly.	Poésies inédites, 1 v.
162	V. Hugo.	Les enfants, 1 v.
163	Pétéofi.	Poésies magyares, 1 v.

164	*Ponsard.*	Etudes antiques, 1 v.
165	*Du Pugert.*	Les fleurs scandinaves, 1 v.
166-167	*Ste-Beuve.*	Poésies, 2 v.
168	*Lamartine.*	Premières méditations poétiques, 1 vol.
169	*id.*	Nouvelles méditations poétiques, 1 vol.
170	*id.*	Harmonies poétiques, 1 v.
171	*id.*	Recueillements poétiques, 1 vol
172	*id.*	Jocelyn, 1 v.
173	*id.*	La chûte d'un ange, 1 v.
174	*Laurent.*	Légende d'Alsace, 1 v.
175-76-77	*Gœthe.*	Théâtre, 3 v.
178	*id.*	Poésies diverses, pensées, 1 v.
179	*id.*	Les années d'apprentissage de Vilhelm, 1 v.
180	*id.*	Les années de voyages, de Vilhelm, 1 vol.
181	*id.*	Mémoires, 1 v.
182	*id.*	Voyages en Suisse et en Italie, 1 v.
183	*id.*	Mélanges, 1 v.
184-85-86	*Schiller.*	Théâtre, 3 v.
187-88	*id.*	Œuvres historiques, 2 v.
189	*id.*	Poésies, 1 v.
190	*Schiller.*	Mélanges, 1 v.
191	*Patin.*	Tragiques grecs, Sophocle, 1 v.
192-93	*id.*	*id.* Euripide, 2 v.
194	*Despois.*	Théâtre français, 1 v.
195	*Christian.*	Ossian, 1 v.
196	*Taine.*	Lafontaine et ses fables, 1 v.
197	*Montégut.*	Types littéraires, 1 v.
198	*Lévy.*	Hermann et Dorothée, 1 v.
199	*Stahl.*	Histoire d'un homme enrhumé, 1 vol.
200	*Pelletan.*	Naissance d'une ville, 1 v.
201	*id.*	Le Pasteur du désert, 1 v.
202-293	*Hippeau.*	Roland furieux (Arioste), 2 v.
204	*An. Ampère.*	Journal et correspondance, 1 v.

205	V. Radot.	Journal d'un volontaire, 1 v.
206	Legouvé.	Conférences parisiennes, 1 v.
207-208	l'abbé Galliani.	Correspondance, 2 v.
209	Julien	Thèses de grammaire, 1 v.
210	id.	Thèses de philosophie, 1 v.
211	id.	Thèses de métrique et de musique, 1 vol.
212	id.	Thèses de littérature, 1 v.
213	id.	Thèses de critique et de poésie, 1 v.
214	Mme de Rémusat.	Mémoires, 3 v.
215	Mme de Sévigné.	Lettres, 8 v.
216	Marivaux.	Œuvres choisies, 1 v.
217	Mme de Stahl.	Mémoires, 1 v.
218	J. Simon.	Le petit citoyen, 1 v.
219	Littré.	Histoire de la langue française, 2 v.
220	Deschanel.	Le romantisme des classiques, 1 v.
221	Caussade.	Histoire littéraire (latine).
222	id.	Histoire littéraire (grecque).
223	La Tasse.	Jérusalem délivrée.
224	Anquet.	Chancelier l'hôpital.
225	Parnajon.	Histoire de la littérature française.
226	Léser.	Le chant du pays.
227	Feugère.	Théâtre choisi de Molière.
228	id.	Théâtre choisi de Corneille.
229	Brunetière.	Nouvelles études critiques, 1 v.
230	id.	Etudes critiques, 1 v.
231	Démosthènes.	Les harangues, 1 v.
232	id.	Les plaidoyers, 1 v.
233	Deschanel.	Etudes sur Aristophane, 1 v.
234	Larochefoucauld	Œuvres inédites, 1 v.
235	Lesage.	Aventures de Gilblas, 1 v.
236	Malherbe.	Œuvres poétiques, 1 v.
237	Montaigne.	Essais, 2 v.
238	Montégut.	Types littéraires, 1 v.
239	Autran.	La vie rurale, 1 v.
240	Alex. Dumas.	v.
241	P. de St-Victor.	Barbares et bandits, 1 v.
242	De Vigny.	Servitude et grandeur, 1 v.

243 *De Vigny.*   Stello, 1 v.
244   *id.*   Théâtre complet, 1 v.
245 **About.**   Théâtre impossible, 1 v.

GÉOGRAPHIE ET VOYAGES

1	*Baker.*	Le lac Albert, 1 v.
2	*Boissier.*	Conflit américain, 1 v.
3	*Boudin.*	Statistique et géographie, 1 v.
4	*Cameron.*	A travers l'Afrique, 1 v.
5	*Casalis.*	Les Bassoutos, 1 v.
6	*Catelin.*	La vie chez les Indiens, 1 v.
7	*Chaillé-Long.*	L'Afrique centrale, 1 v.
8	*Charton.*	Les Vosges, 1 v.
9	*Drohojowska.*	L'Egypte et le canal de Suez, 1 v.
10	*D'Aunet.*	Voyage d'une femme au Spitzberg, 1 vol.
11-13	*Dumas.*	Impressions de voyage, 3 v.
14	*Duval.*	Notre planète, 1 v.
15	*G. Ferry.*	Aventures du capitaine Ruperto, 1 vol.
16	*Gérard.*	Voyages et chasses, 1 v.
17-18	*J. de la Gravière*	La Station du Levant, 2 v.
19	*Hovard.*	Voyages aux villes mortes, 1 v.
20	*Hervé.*	Voyages dans les glaces, 1 v.
21	*Haussaye.*	Voyages humoristiques, 1 v.
22-24	*V. Hugo.*	Le Rhin, 3 v.
25	*P. Huot.*	Des voyages au Rhin, 1 v.
26-27	*Anonyme.*	Correspondance de Jacquemont, 2 v.
28	*Klein.*	Les richesses de la France, 1 v.
29	*de la Landelle.*	La vie navale, 1 v.
30-31	*de Lamartine.*	Voyage en Orient, 2 v.
32	*de Lamothe.*	Cinq mois chez les français d'Amérique, 1 v.
33	*de Lanoye.*	La mer polaire, 1 v.
34	*Laugel.*	Les Etats-Unis pendant la guerre, 1 vol.
35	*Mme Laure.*	De Marseille à Shanghaï et Jédo, 1 v.
36	*Lebrun.*	Voyages de Cook, 1 v.
37	*Leclercq.*	Un été en Amérique, 1 v.
38	*Lelièvre.*	Un missionnaire en Californie, 1 v.

39 *Lemire*.		Cochinchine française, 1 v.
40 *Liégeard*.		Vingt journées d'un touriste au pays de Luchon, 1 v.
41 *Livingstone*.		Exploration de l'Afrique australe, 1 vol.
42 *Rondelet*.		Nouvelles et voyages, 1 v.
43 *Marmier*.		Lettres sur le Nord, 1 v.
44 *id*.		En pays lointain, 1 v.
45 *Marcoy*.		Scènes et paysages dans les Andes, 1 vol.
46 *Merruau*.		Voyages et aventures de Christophe-Colomb, 1 v.
47 *Monnot*.		Madagascar et ses habitants, 1 v.
48 *Mouhot*.		Voyage dans le royaume de Siam et de Cambodge, 1 v.
49 *O. Niel*.		Géographie de l'Algérie, 1 v.
50 *Paumier*.		L'Afrique ouverte, 1 v.
51 *Pfeiffer*.		Voyage à Madagascar, 1 v.
52 *id*.		Voyage d'une femme autour du monde, 1 v.
53 *id*.		Mon second voyage autour du monde, 1 v.
54 *Périgot*.		Géographie de la France, 1 v.
55 *Radiguet*.		Les derniers sauvages, 1 v.
56 *E. Reclus*.		Les continents, 1 v.
57 *Robischung*.		Un coin des Alpes, 1 v.
58 *de Sauley*.		La Terre sainte, 1 v.
59 *Ruinard*.		Voyage littéraire en Alsace, 1 v.
60 *Scheffer*.		Voyage en Perse, 1 v.
61-62 *Schweinfurth*.		Voyages au cœur de l'Afrique, 2 v.
63-64 *Taine*.		Voyage en Italie, 2 v.
65 *id*.		Voyage aux Pyrénées, 1 v.
66 *J. Verne*.		Aventures de 3 Russes et de 3 Anglais, 1 v.
67	*id*.	Les Anglais au pôle Nord, 1 v.
68	*id*.	Voyage au centre de la Terre, 1 v.
69	*id*.	Le désert de glace, 1 v.
70	*id*.	Le tour du monde en 80 jours, 1 v.

71-72	*J. Verne.*	Vingt mille lieues sous les mers, 2 vol.
73	*Par un Marin.*	Introduction à l'étude de la géographie, 1 v.
74	*Un officier français.*	L'Allemagne, 1 v.
75	*Levaillant.*	Voyages en Afrique (abrégé), 1 v.
		Tour du monde, 44 v.
		Revue Européenne, 17 v.
		Revue contemporaine, 4 v.
		L'Illustration, 9 v.
	Laharpe.	Histoire des voyages, 24 v.
147	*About.*	La Grèce contemporaine, 1 v.
148	*Meignan.*	De Paris à Pékin par terre, 1 v.
149	*Fromentin.*	Un été dans le Sahara, 1 v.
150-151	*J. Verne.*	Grands voyages et grands voyageurs, 2 v.
152-153	*Havard.*	La Hollande pittoresque, 2 v.
154	*Yung.*	La France et Rome, 1 v.
	—	Revue des Deux Mondes, 12 v.
156	*Hübner.*	Promenade autour du monde, 2 v.
157	*Montégut.*	En Bourbonnais et en Forez, 1 v.
158	*Dumont.*	Les Balkans et l'Adriatique, 1 v.
159	*Léger.*	Autriche-Hongrie, 1 v.
160	*Heime.*	L'Allemagne, 1 v.
161	*Figuier.*	L'Italie d'après nature, 1 v.
162	*Lemonnier.*	L'Algérie, 1 v.
163	*Gazeau.*	Les frontières de la France, 1 v.
164	*J. Verne.*	Les Anglais au Pôle nord, 1 v.
165	*de Hell.*	Voyage dans les Steppes, 1 v.
166	*L'ab. de la Porte*	Voyageur français, 23 v.
167	*Koechlin-Schwartz.*	Un Touriste en Laponie, 1 v.

HISTOIRE ET BIOGRAPHIE

1	*Boissier.*	Cicéron et ses amis, 1 v.
2	*Bonnechose.*	Montcalm et le Canada, 1 v.
3	*l'abbé Besson.*	De Montalembert en Franche-Comté, 1 v.
4	*Bertrand.*	Charles-Quint au monastère de St-Just, 1 v.
5	*Bernard.*	Vie d'Oberlin, 1 v.
6-11	*Burette.*	Histoire, 6 v.
12	*d'Alsème.*	Siége de Bitche, 1 v.
13	*Bachelet.*	Histoire de France, 1 v.
14	*Dumont.*	Souvenir de Solférino, 1 v.
15-16	*Fézensac.*	Souvenirs militaires, 2 v.
17	*Fleury.*	Franc-Comtois et Suisses, 1 v.
18	*Fournier.*	Histoire de la Butte des moulins, 1 vol.
19	*Freycinet.*	Guerre en province, 1 v.
20	*Fustel de Coulanges.*	La cité antique, 1 v.
21-22	*Gœppe-Cordier.*	Les grands hommes de France, (guerre), 2 v.
23-24	*id.*	Les grands hommes de France, (marins), 2 v.
25	*id.*	Le patriotisme, 1 v.
26	*Voltaire.*	Charles XII, 1 v.
27	*Guizot.*	Guillaume le Conquérant, 1 v.
28	*id.*	Les bourgeois de Calais, 1 v.
29	*Fabre Meissas.*	Guerre franco-allemande, 1 v.
30	*d'Hauterive.*	Les siéges de Paris, 1 v.
31-33	*Hubault.*	Les grandes époques de la France, 3 vol.
34-35	*J. de la Gravière*	Souvenirs d'un amiral 2 v.
36	*id.*	La marine d'autrefois, 1 v.
37	*id.*	La marine d'aujourd'hui, 1 v.
38-39	*id.*	Les marins du XV⁕ et du XVI⁕ siècle, 2 v.

40 *Lacroix.*	Histoire anecdotique du drapeau français, 1 v.
41 *Lamartine.*	Christophe Colomb, 1 v.
42-47 id.	Les Girondins, 6 v.
48 *de la Landelle.*	Naufrages et sauvetages, 1 v.
49-50 *Laporte.*	L'Alsace reconquise, 2 v.
51-52 *Lavallée.*	Histoire de la Turquie, 2 v.
53 *Lavisse.*	La monarchie prussienne, 1 v.
54 *Langlois.*	Histoire d'un prisonnier d'Abd-el-Kader, 1 v.
55 *Legoyt.*	L'empire d'Allemagne, 1 v.
56 *Liblin.*	Belfort et son territoire, 1 v.
57 *Lognon.*	Biographie de François Villon, 1 v.
58 *Anonyme.*	Souvenirs d'un officier de Zouaves, 1 vol.
59 *Merklen.*	L'abbé Martin, premier directeur du gymnase cath. de Colmar, 1 vol.
60 *Michelet.*	Jeanne d'Arc, 1 v.
61-62 *Mignet.*	Rivalité de François 1er et de Charles-Quint, 2 v.
63 *Montaigut.*	Souvenirs de Bourgogne, 1 v.
64 *Morand.*	L'année historique de Boulogne-sur-Mer, 1 v.
65 *Piotrosvski.*	Souvenirs d'un Sibérien, 1 v.
66 *Poujoulat.*	Toscane et Rome, 1 v.
67 *E. Quinet.*	Campagne de 1815, 1 v.
68 *Raffy.*	Grands faits de l'histoire de France, 1 vol.
69 *Rombaud.*	Français et Russes, 1 v.
70 *Raymond.*	Les marines de la France et de l'Angleterre, 1 v.
71 *Rendu.*	Les Français (grandes époques de leur histoire, 1 v.)
72 *Robert.*	Siéges mémorables des Français, 1 vol.
73-77 *Rolland.*	Histoires des empereurs romains, 5 vol.

78	*Roy.*	Histoire de Vauban, 1 v.
79	*Sassenay.*	Les Brienne de Lecce et d'Athènes, 1 vol.
80	*Thiers.*	Watterloo, 1 v.
81	*Taine.*	Un séjour en France, 1 v.
82-83	*Wallon.*	La Terreur, 2 v.
84	*Valentin.*	Les ducs de Bourgogne, 1 v.
85	*Vimercati.*	Histoire de l'Italie, 1 v.
86	*Roy.*	Histoire de Fénélon, 1 v.
87	*Anonyme.*	Ligue d'Alsace, 1 v.
88	*Anonyme.*	Les Prussiens en Alsace, 1 v.
89-93	*E. Sue.*	Histoire de la marine française, 5 vol.
94	*Anonyme.*	Histoire du 42ᵉ régiment d'infanterie, 1 v.
95-96	*Oberkirch* (Baronne d').	Mémoires, 2 v.
97-98	*Lamartine.*	Histoire de la Révolution de 1848, 2 vol.
99	*Duruy.*	Introduction à l'histoire de France, 1 vol.
100-101	*id.*	Histoire de France, 2 v.
102	*id.*	Histoire grecque, 1 v.
103	*id.*	Histoire romaine, 1 v.
104	*id..*	Histoire du moyen-âge, 1 v.
105	*id.*	Histoire des temps modernes, 1 v.
106	*Rambaud.*	Histoire de la Russie, 1 v.
107	*Margollé.*	Histoire de la navigation, 1 v.
108	*Du Treuil.*	Le royaume d'Annam et les Annamites, 1 v.
109-113	*Guizot.*	Histoire de France racontée à mes petits-enfants, 5 v.
114-116	*Quinet.*	La révolution suivie de la critique de la révolution, 3 v.
117	*Valbert.*	Hommes et choses d'Allemagne, 1 vol.
118	*Perrens.*	Jérôme Savonarole, 1 v.
119	*Taine.*	Essai de critique et d'histoire, 1 v.

120 *S. Léger*.	Histoire d'Autriche et de Hongrie, 1 vol.
121 *Maspero*.	Histoire ancienne des peuples de l'Orient, 1 v.
122-23-24 *Laboulaye*.	Histoire de la constitution des Etats-Unis, 3 v.
125-126 *Guizot*.	Histoire des origines du gouvernement représentatif, 2 v.
127 *Mignier*.	Etudes historiques, 1 v.
128-29-30-31 *Aug. Thierry*.	Histoire et conquêtes de l'Angleterre, 4 v.
132-133 *id*.	Récits des Mérovingiens, 2 v.
134 *id*.	Tiers-Etat, 1 v.
135 *id*.	Dix ans d'études historiques 1 v.
136 *id*.	Lettres sur l'histoire de France, 1 vol.
137-138 *Menière*.	Captivité de la duchesse de Berry, 2 vol.
139 *Villemain*.	La tribune moderne de Chateaubriand, 1 v
140 *Renan*.	Marc-Aurèle, 1 v.
141 *Julien*.	Quelques points des sciences de l'antiquité, 1 v.
142 *id*.	Thèses d'histoire, 1 v.
143 *Mme de Caylus*.	Souvenirs et correspondance par Baumé, 1 v.
144-145 *Villemain*.	Histoire de Grégoire VII, 2 v.
146 *Anquetil*.	Histoire de France par Anquetil, 6 vol.
147 *Napoléon 1er*.	Campagnes d'Italie, d'Egypte et de Syrie, 1 v.
148 *Macaulay*.	Histoire du règne de Guillaume III, 4 vol.
149 *Mignet*.	Portraits et Notices, 2 v.
150 *Michelet*.	République romaine, 2 v.
151 *Guizot*.	Révolution d'Angleterre, 6 v.
152 *Mérimée*.	Chroniques du temps de Charles IX, 1 vol.

153	*Mignet.*	Eloges historiques, 1 v.
154	*Rambaud.*	Les français sur le Rhin, 1 v.
155	*Michaud.*	Histoire des croisades, 4 v.
156	*Michelet.*	Histoire de France, 19 v.
157	*Dupuy.*	Histoire de la réunion de la Bretagne à la France, 2 v.
158	*Voltaire.*	Histoire de Charles XII, 1 v.
159	*Eug. Muller.*	La vie et les découvertes de Christophe-Colomb, 1 v.
160	*Maze.*	Kléber, 1 v.
161	*Gaffarel.*	La défense de la France en 1792, 1 vol.
162	*Talbot.*	Histoire romaine, 1 v.
163	*Zévort.*	Histoire des temps modernes, 2 v.
164	*Combes.*	La Grèce ancienne, 1 v.
165	*Crove.*	Océan et continents, 1 v.
166	*id.*	Histoire de la Terre, 1 v.
167	*Blerzy.*	Torrents, fleuves et canaux, 1 v.
168	*id.*	Colonies anglaises, 1 v.
169	*Zévort.*	Histoire de Louis-Philippe, 1 v.
170	*Depasse.*	Carnot, 1 v.
171-172	*Duruy.*	Histoire de France, 2 v.
174	*Hardy.*	Bayard, 1 v.
175	*Boissier.*	L'opposition sous les Césars, 1 v.
176-177	*Napoléon.*	Commentaires de César, 2 v.
178	*Ducamp.*	Expédition des deux Siciles, 1 v.
179	*Laufrey.*	Lettres d'Evrrard, 1 v.
180-181	*Vitet.*	La ligue, 2 v.
182	*Moissier.*	Promenades archéologiques, 1 v.

ROMANS FRANÇAIS

1	About.	Le roman d'un brave homme, 1 v.
2	id.	Madelon, 1 v.
3	id.	Le mari imprévu, 1 v.
4	id.	Le marquis de Lanrose, 1 v.
5	id.	A. B. C. du Travailleur, 1 v.
6	id.	Alsace, 1 v.
7	id.	Les mariages en province, 1 v.
8	id.	Les vacances de la comtesse, 1 v.
9	id.	Le Turco, 1 v.
10	id.	L'infâme, 1 v.
11	Dalembert.	Flânerie parisienne, 1 v.
12	d'Aumale.	Les Zouaves et les Chasseurs, 1 v.
13-14	Em. Mayard.	Œuvres choisies de Bernardin de St-Pierre, 2 v.
15	E. Berthet.	Les houilleurs de Polignies, 1 v.
16	Blaze.	Le chasseur au chien d'arrêt, 1 v.
17	Borchgrave.	Scènes intimes, 1 v.
18	Anonyme.	Une famille pendant la guerre, 1 v.
19	Bouilly.	Encouragements, 1 v.
20	Carrau.	Le livre des jeunes filles, 1 v.
21	id.	Une servante d'autrefois, 1 v.
22	Célières,	Contez-nous cela, 1 v.
23	Cherbuliez.	Roman d'une honnête femme, 1 v.
23	id.	Le fiancé de Mlle Saint Maur, 1 v.
25	id.	L'aventure de Ladislas Bolski, 1 v.
26	id.	Samuel Brohl, 1 v.
27	id.	Paule Méré, 1 v.
28	id.	La revanche de Joseph Noiret, 1 v.
29	id.	Le comte Kostia, 1 v.
30	Couret.	Le château du bonheur, 1 v.
31	Daudet.	Lettres de mon moulin, 1 v.
32	Demaistre.	Œuvres complètes, 1 v.
33	id.	Œuvres choisies, 1 v.
34	Dessessart.	Les cœurs dévoués, 1 v.
35	M. Conscience.	La pièce de 20 francs, 1 v.

36	*Domcourt.*	Souvenirs des ambulances, 1 v.
37	*Duclos.*	La saison d'hiver à Paris, 1 v.
38-41	*Erch. Chatrian*	Histoire d'un paysan, 4 v.
42	*id.*	Histoire d'un homme du peuple, 1 vol.
43	*id.*	Histoire d'un conscrit en 1813, 1 v.
44	*id.*	L'invasion, 1 v.
45	*id.*	Histoire d'un S. Maître, 1 v.
46	*id.*	Le Brigadier Frédéric, 1 v.
47	*id.*	Le Docteur Matheus, 1 v.
48	*id.*	La maison forestière, 1 v.
49	*id.*	Maître Daniel Roch, 1 v.
50	*id.*	Le Blocus, 1 v.
51	*id.*	Mme Thérèse, 1 v.
52	*id.*	Contes des bords du Rhin, 1 v.
53	*Gabriel Ferry.*	Costal l'Indien, 1 v.
54	*id.*	Scènes de la vie sauvage, 1 v.
55-56	*id.*	Coureur des bois, 2 v.
57	*Froment.*	La vie réelle, 1 v.
58	*Fournier.*	Histoire de la Butte des moulins, 1 vol.
59	*Gérard.*	Voyages et chasses, 1 v.
60-61	*Gautier.*	Le capitaine Fracasse, 2 v.
62	*Girardin.*	Contes d'une vieille fille à ses neveux, 1 v.
63	*Gramont.*	Les gentils hommes riches, 1 v.
64	*Henty.*	Les jeunes francs-tireurs, 1 v.
65	*Houssaye.*	Le violon de Franjolé, 1 v.
66	*Janet*	La famille, 1 v
67	*Jonchère.*	Clovis Bourbon, 1 v.
68	*A. Kaar.*	Voyage autour de mon jardin, 1 v.
69	*Laboulaye.*	Souvenirs d'un voyageur, 1 v.
70	*Lamartine.*	Lectures pour tous, 1 v.
71	*id.*	Les confidences, 1 v.
72	*id.*	Les nouvelles confidences, 1 v.
73	*id.*	Le manuscrit de ma mère, 1 v.
74	*id.*	Le tailleur de pierres de St-Point, 1 vol.

75 *De la Landelle.* Mœurs maritimes, 1 v.
76 *R. Lée.* Un vaincu, 1 v.
77 *Le Mercier.* Pompéï, 1 v.
78 *L'évêque.* Harmonies providentielles, 1 v.
79-80 *Loch F.* Les prix de vertu, 2 v.
81 *Marmier.* Les hasards de la vie, 1 v.
82 *id.* Gazida, 1 v.
83 *id.* Histoire d'un pauvre musicien, 1 v
84 *id.* Mémoires d'un orphelin, 1 v.
85 *Michelet.* Mémoires d'un enfant, 1 v
86 *Monnot.* Souvenirs d'un jeune pasteur, 1 v.
87 *Nodier.* Contes fantastiques, 1 v.
88 *Pressensé.* Rosa, 1 v.
89 *Porchat.* Les colons du rivage, 1 v.
90 *id.* Trois mois sous les neiges, 1 v.
91 *Ralston.* Contes populaires de la Russie.
92 *L. Reybaud.* Jérôme Patureau, 1 v.
93 *Saintine.* Le chemin des écoliers, 1 v.
94 *id.* Picciola, 1 v.
95 *id.* Seul 1 v.
96 *Mme de Staël.* Corinne ou l'Italie, 1 v.
97 *Anonyme.* Le ministère de l'enfance, 1 v.
98 *Anonyme.* Abdallah, 1 v.
99 *Anonyme.* L'empire des sources du soleil, 1 v.
100 *E. Souvestre.* Confessions d'un ouvrier, 1 v.
101 *id.* Riche et pauvre, 1 v.
102 *id.* Au coin du feu, 1 v.
103 *id.* Pendant la moisson, 1 v.
104 *id.* Dans la prairie, 1 v.
105-106 *id.* Un philosophe sous les toits, 2 v.
107 *id.* Souvenirs d'un vieillard, 1 v.
108 *id.* Sous les filets, 1 v.
109 *id.* Histoires d'autrefois, 1 v.
110 *id.* L'homme et l'argent, 1 v.
111 *id.* Le mendiant de St-Roch, 1 v.
112 *id.* Récits et souvenirs, 1 v.
113 *id.* Les anges du foyer, 1 v.
114 *id.* En quarantaine, 1 v.

115	E. Souvestre.	Loin du pays, 1 v.
116	id.	Le mât de cocagne, 1 v.
117-119	id.	Causeries historiques, 3 v.
120	id.	Au bord du lac, 1 v.
121	id.	Scènes de la vie intime, 1 v.
122	id.	Le mémoria de famille, 1 v.
123	id.	Le monde tel qu'il sera, 1 v.
124	id.	Chronique de la mer, 1 v.
125	id.	Les clairières, 1 v.
126-127	id.	Souvenirs d'un Bas-Breton, 2 v.
128	id.	Au bout du monde, 1 v.
129	id.	Trois mois de vacances, 1 v.
130-131	id.	Les derniers Bretons, 2 v.
132	id.	Récits des Alpes. Le pasteur d'hommes, 1 v.
133	Stowe.	La case de l'oncle Tom, 1 v.
134	Trébucient.	Lettres d'Eugénie de Guérin, 1 v.
135	Vacquerie.	Profils et grimaces, 1 v.
136	J. Verne.	Le chancellor, 1 v.
137-139	id.	Les enfants du Capitaine Grant, 3 vol.
140	id.	Hector Sarvadat, 1 v.
141	id.	L'abandonné, 1 A.
142	Viardot.	Souvenirs de Chasse, 1 v.
143	Webb.	Naomi, 1 v.
144	Anonyme.	La famille Spenser, 1 v.
145	Anonyme.	Fabiola, 1 v.
146	Anonyme.	La fleur de famille, 1 v.
147	Anonyme.	L'institutrice, 1 v.
148	Cooper.	Le Bravo, 1 v.
149	id.	Mercédès de Castille, 1 v.
150	id.	Les deux amiraux, 1 v.
151	id.	Le feu-follet, 1 v.
152	id.	Vyandotté, 1 v.
153	id.	Ravensneck, 1 v.
154	id.	Le cratère, 1 v.
155	id.	Mœurs du jour, 1 v.
156	id.	Les lions de mer, 1 v.

157-159 *Cooper*.   Cooper illustré, 3 v.
 160 *J. Verne*.   Le docteur Ox, 2 v.
161-162 *id*.   La maison à vapeur, 2 v.
163-164 *id*.   Le pays des fourrures, 2 v.
 165 *Marmier*.   L'avare et son trésor, 1 v.
 166 *id*.   Les Fiancés du Spitzberg, 1 v.
 167 *id*.   Le roman d'un héritier, 1 v.
 168 *id*.   De l'Est à l'Ouest, 1 v.
 169 *About*.   Les mariages de Paris, 1 v.
 170 *id*.   Le roi des montagnes, 1 v.
 171 *Cherbuliez*.   Prosper Randou, 1 v.
 172 *id*.   L'Idée de Jean Têterol, 1 v.
 173 *Chateaubriand* Attala, René, Abencerrages, Natchez, 1 v.
 174 *Lamartine*.   Raphaël, 1 v.
175-176 *J. Verne*.   Le capitaine de 15 ans, 2 v.
 177 *id*.   Les naufragés de l'air, 1 v.
 178 *id*.   Le secret de l'Ile, 1 v.
 179 *id*.   L'abandonné, 1 v.

(L'Ile mystérieuse)

 180 *Brenner-Puger* Les filles du Président, 1 v.
 181 *id*.   Le foyer domestique, 1 v.
 182 *id*.   Les voisins, 1 v.
 183 *Silvio-Pellico*. Mes prisons, 1 v.
184-185 *L. Enault*.   La pupille de la légion d'honneur, 2 vol.
186-187 *id*.   Le baptême de sang, 2 v.
 188 *id*.   Les perles noires, 1 v.
 189 *id*.   Christine, 1 v.
 190 *Clamageron*.   La France républicaine, 1 v.
 191 *Mayne Reid*.   Les exilés dans la forêt, 1 v.
 192 *id*.   Les grimpeurs de rochers, 1 v.
 193 *id*.   Les peuples étrangers 1 v.
 194 *id*.   Brinn ou le chasseur d'Ours, 1 v.
 195 *id*.   Les Robinsons de terre ferme, 1 v.
 196 *id*.   Les planteurs de la Jamaïque, 1 v.
 197 *Balzac*.   César Birotteau, 1 v.
 198 *Conscience*.   La passion du jeu, 1 v.
 199 *id*.   La Tombe de fer, 1 v.

— 25 —

200	*Eymo.*	Le Trône d'argent, 1 v.
201	*id.*	Le roi des Tropiques, 1 v.
202	*Forville.*	Le conscrit de l'an VIII, 1 v.
203	*Beauvoir.*	Les trois Rohans, 1 v.
204-205	*Ainsvorth.*	Les gentilhommes des grandes routes, 1 v.
206	*Lomon.*	Captivité de l'amiral Bonard, 1 v.
207	*Reybaud.*	Pierre Mouton, 1 v.
208	*id.*	Marie Broutin, 1 v.
209	*Gay.*	Un mariage sous l'empire, 1 v.
210	*Dumas.*	Le chasseur de Sauvagine, 1 v.
211	*Chasteau.*	L'Orpheline, 1 v.
212	*Méry.*	Marseille et les Marseillais, 1 v.
213	*Hildebrand.*	La chambre obscure, 1 v.
214	*Boulbon.*	Une conversion, 1 v.
215	*Reclus.*	Voyage à la Sierra Nevada, 1 v.
216	*Conscience.*	Le jeune Docteur, 1 v.
217	*Lafayette.*	La princesse de Clèves, 1 v.
218	*Muller.*	Mionette, 1 v.
219	*Enault.*	Hermine, 1 v.
220	*Champfleury.*	Chien-Caillou, 1 v.
221	*id.*	Les paysans de Westphalie, 1 v.
222	*Méry.*	Les nuits d'Orient, 1 v.
223-224	*Conscience.*	Le Tribun de Gand, 2 v.
225	*Gréville.*	Marier sa fille, 1 v.
226	*Chaudenou.*	La dot réglementaire, 1 v.
227	*Célièyres.*	Chefs-d'œuvre du papa Schmelz, 1 vol.
228	*Halévy.*	L'abbé Constantin, 1 v.
229	*Toudouze.*	Mme Lambelle, 1 v.
230	*Molènes.*	Aventures des temps passés, 1 v.
231	*Dumas.*	Mémoires de Garibaldi, 1 v.
232	*Stowe.*	Nouvelles américaines, 1 v.
233	*Vignon.*	Récits de la vie réelle, 1 v.
234	*Fromentin.*	Dominique, 1 v.
235	*Renaut.*	Histoire de 4 fous, 1 v.
236	*Musset.*	La Bavolette, 1 v.
237	*Turqueneuf.*	Père et enfants, 1 v.

238	Fleury.	Voyages et voyageurs, 1 v.
239	D'Ash.	La marquise sanglante, 1 v.
240	id.	Le salon du Diable, 1 v.
241	E. Sue.	La grande Dame, 1 v.
242	Bombonnel.	Le Tueur de Panthères, 1 v.
243	Manzoni.	Les Fiancés, 1 v.
244	Mérimée.	Colomba, 1 v.
245-246	Wyss.	Robinson suisse, 2 v.
247-248	De Foé.	Robinson Crusoé, 2 v.
249	Stahl.	Les histoires de mon parrain, 1 v.
250	id.	Histoire d'une famille hollandaise, 1 vol.
251	id.	Maroussia, 1 v.
252	id.	La famille Chester, 1 v.
253	id.	Histoire d'un âne et de deux jeunes filles, 1 v.
254		Œuvres de Mme de Lafayette, 1 v.
255-256	Gréville.	Le moulin Frappier, 2 v.
257	Toppfer.	Rosa et Gertrude, 1 v.
258	id.	Le presbytère, 1 v.
259	id.	Nouvelles genevoises, 1 v.
260	id.	Réflexions et menus propos d'un peintre, 1 v.
261-262	J. Verne.	Michel Strogoff, 2 v.
263	Andersen.	Contes (traduction Grég^{re} Moland.) Le Camarade, 1 v.
264	id.	Le coffre volant, 1 v.
265	id.	L'homme de neige, 1 v.
266	id.	La vierge des Glaciers, 1 v.
267	id.	Valdemar David, 1 v.
268	Schwartz.	La veuve et ses enfants, 1 v.
269	Bremer.	La vie de famille dans le nouveau monde, 1 v.
270	id.	La vie de famille dans le nouveau monde, 1 v.
271	Id.	La vie de famille dans le nouveau monde, 1 v.
272	Méry.	Contes et Nouvelles, 1 v.

273	*Pouckine.*	La fille du capitaine, 1 v.
274-275	*Dickens.*	Aventures de Pickvick, 2 v.
276	*Dickens.*	Contes de Noël, 1 v.
277-278	*id.*	Daniel Copperfield, 2 v.
279-280	*id.*	Nicolas Nickléby, 2 v.
281-282	*Dumas.*	Ascanio, 2 v.
283	*id.*	Black, 1 v.
284-288	*id.*	Joseph Balsamo, 5 v.
289-291	*id.*	La Dame de Monsoreau, 3 v.
292-293	*id.*	Le Coricolo, 2 v.
294	*id.*	Le Saltéador, 1 v.
295	Mme *de Girardin.*	La croix de Berny, 1 v.
296	*Méry.*	Héva, 1 v.
297	*id.*	La Floride, 1 v.
298	*id.*	La guerre de Nizam, 1 v.
299-301	*G. Sand.*	L'homme de neige, 3 v.
302	*id.*	Le marquis de Villemer, 1 v.
303	*id.*	Un hiver à Majorque, 1 v.
304	*Sandeau.*	Catherine, 1 v.
305	*id.*	Sacs et Parchemin, 1 v.
306	Mme *Colomb.*	Le violoneux de la Sapinière, 1 v.
307	*Murger.*	Le dernier rendez-vous, 1 v.
308		Veillées militaires de Balleydier, 1 vol.
309-310	*Nodier.*	Contes de Charles Nodier, 2 v.
311	*G. Sand.*	Mare au Diable, 1 v.
312	*id.*	La petite Fadette, 1 v.
313	*Dickens.*	Martin Chuzzlevitt, 2 v.
314	*Feuillet.*	Sybille, 1 v.
315	*id.*	Camors, 1 v.
316	*Fabre.*	Mon oncle Célestin, 1 v.
317	*Trébutien.*	Journal d'Eugénie de Guérin, 1 v. Xavier de Maistre, 1 v.
318	*Mallot.*	Sans famille 2 v.
319	*id.*	La petite sœur, 2 v.
320	*Erch. Chatrian.*	Histoire d'un S.-Maître, 1 v.
321	*Maurice Guérin.*	Centaure, 1 v.
322	*Ohnet.*	Le Maître de Forges, 1 v.

	323 *Berthet.*	Le Chateau de Montbrun, 1 v.
	324 *Robert.*	Sœur Marthe, 1 v.
	325 *Viardot.*	Don Quichotte, 2 v.
	326 *Raffet.*	Le Béranger de famille, 1 v.
	327 *Mayne Reid.*	Les déserts d'eau, 1 v.
(bis)	328 *Celières.*	Contez-nous cela, 1 v.
	329 *Gréville.*	Sonia, 1 v.
(bis)	330 *Dickens.*	Contes de Noël, 1 v.
(bis)	331 *About.*	Le roman d'un brave homme, 1 v.
(bis)	332 *Erch. Chatrian.*	Mme Thérèse, 1 v.
(bis)	333 *Toppfer.*	Nouvelles génevoises, 1 v.
(bis)	334 *Erch. Chatrian.*	Le brigadier Frédéric, 1 v.
(bis)	335 *Foë.*	La vie et les aventures de Robinson Crusoé, 1 v.
(bis)	336 *Mayne Reid.*	Les planteurs de la Jamaïque, 1 v.
	337 *Achard.*	Récits d'un soldat, 1 v.
	Souvestre.	Les soirées de Meudon, 1 v.
	339 *Sand.*	Contes d'une grand-mère, 1 v.
	340 *Benon.*	Récits de tous les pays, 1 v.
	341 *Dickens.*	Olivier Twist, 1 v.
	342 *Fontpertuis.*	Chine et Japon, 1 v.
	343 *Girardin.*	Récits et menus propos, 1 v.
	344 *Guillon.*	Petite histoire de la révolution, 1 v.
	345 *Bruno.*	Le Tour de France, 1 v.
	346 *H. Gréville.*	Bonne Marie, 1 v.
	347 *Aubin.*	Les petits maraudeurs, 1 v.
	348 *Rozan.*	Petites ignorances de la conversion, 1 vol.
	349 *Cummius.*	L'allumeur de reverbères, 1 v.
350-351	*Currer Bell.*	Jone Eyre, mémoires d'une institutrice, 2 v.
352-353	*Disraéli.*	Sybil, roman anglais, 2 v.
354-55-56	*Freytag.*	Doit et avoir, 3 v.
	357 *Gerstacker.*	Les deux convicts, 1 v.
	358 id.	Les pirates du Mississipi, 1 v.
	359 *Gogol.*	Tarrass Boulba, Viardot, 1 v.
	360 *Tallon.*	La caravane, 1 v.
	361 *Hawthorne.*	La maison rouge, 1 v.

362	*Hawthorne.*	La maison aux 7 pignons, 1 v.
363	*Hays.*	Perdus dans les glaces, 1 v.
364-365	*Intosch.*	Contes américains, 2 v.
366	*Porchat*	Contes merveilleux, 1 v.
367-368	*Thackeray.*	Henri Esmond, 2 v.
369-370	*id.*	La foire aux vanités, 2 v.
371-72-73	*id.*	Histoire de Pendennis, 3 v
374	*Grimm.*	Contes choisis, 1 v.
375-76-77-78	*Hacklander.*	La vie militaire, 4 v.
379-380	*Dickens.*	Le magasin d'antiquités, 2 v.
381	*Thackeray.*	Le livre des snobs, 1 v.
382	*Enault.*	La vierge au Liban, 1 v.
383	*Meurice P.*	Les tyrans de village, 1 v.
384-85-86-87	*Sand.*	Histoire de ma vie, 4 v.
388	*id.*	Indiana, 1 v.
389	*About.*	Lettres d'un bon jeune homme, 1 v.
390	*id.*	A. B. C. du travailleur, 1 v.
391	*Feuillet.*	Le roman d'un jeune homme pauvre, 1 vol.
392	*Dash.*	Le roman d'une héritière, 1 v.
393	*Sandeau.*	Madeleine, 1 v.
394	*id.*	Mlle de la Seiglière, 1 v.
395	*id.*	Le Docteur Herbeau, 1 v.
396	*id.*	Fernand, 1 v.
397	*id.*	Mme de Sommerville, 1 v.
398	*Souvestre.*	Deux misères, 1 v.
399	*id.*	La goutte d'eau, 1 v.
400	*id.*	La maison rouge, 1 v.
401	*id.*	Les promenades matinales, 1 v.
402	*Delpit.*	Le fils de Coralie, 1 v.
403	*Cherbuliez.*	Un cheval de Phidias, 1 v.
404	*Pierre Loti.*	Le roman d'un sphahi, 1 v.
405	*Noriac.*	La bêtise humaine, 1 v.
406	*id.*	Le 101e régiment, 1 v.
407	*id.*	Le grain de sable, 1 v.
408	*Edgar Poe.*	Histoires extraordinaires, 1 v.
409	*id.*	Nouvelles histoires extraordinaires, 1 vol.

— 30 —

410 *Sandeau*, Un début dans la magistrature, 1 vol.
411   id.   La maison Pénarvau, 1 v.
412   id.   Nouvelles, 1 v.

ROMANS ÉTRANGERS

322-323	*Cervantes.*	Don Quichotte de la Manche, 2 v.
324	*Cooper.*	Le dernier des Mohicans, 1 v.
325	*id.*	Précaution, 1 v
326	*id.*	L'espion, 1 v.
327	*id.*	Le pilote, 1 v.
328	*id.*	Lionel Lincoln, 1 v.
329	*id.*	Les pionniers, 1 v.
330	*id.*	La prairie, 1 v.
331	*id.*	Les Puritains, 1 v.
332	*id.*	Le corsaire rouge, 1 v.
333	*id.*	Le bourreau de Berne, 1 v.
334	*id.*	Le paquebot, 1 v.
335	*id.*	L'écumeur de mer, 1 v.
336	*id.*	L'Heidenmaur, 1 v.
337	*id.*	Les Monikins, 1 v.
338	*id.*	Eve Effingham, 1 v.
339	*id.*	Le lac Ontario, 1 v.
340	*id.*	Le tueur de Daims, 1 v.
341	*id.*	A bord et à terre, 1 v.
342	*id.*	Lucie Harding, 1 v.
343	*id.*	Satanstoé, 1 v.
344	*id.*	Le porte-Chaîne, 1 v.
345	*Cummins.*	L'allumeur de reverbères, 1 v.
346	*Dickens.*	Vie de Nicolas Nickléby, 1 v.
347	*Goldsmitt.*	Le vicaire de Wakenfield, 1 v.
348	*Mayne Reid.*	Aventures de terre et de mer, 1 v.
349	*id.*	Les veillées de chasse, 1 v.
350	*id.*	A fond de Cale, 1 v.
351	*id.*	Les jeunes esclaves, 1 v.
352	*id.*	Les vacances des jeunes Boërs, 1 v.
353	*id.*	L'habitation du désert, 1 v.
354	*id.*	Les chasseurs de girafes, 1 v.
355	*W. Scott.*	Guy-Mannering, 1 v.
356	*id.*	Ivanhoé, 1 v.
357	*id.*	Kénilworth, 1 v.

358 *W. Scott.*   Aventures du Nigel, 1 v.
359   *id.*   Quentin Durwart, 1 v.
360   *id.*   La fiancée de Lamermoor, 1 v.
361   *id.*   Anne de Gerstein, 1 v.
362   *id.*   Le monastère, 1 v.
363   *id.*   Les aventures de Nigel, 1 v.
364   *id.*   Rokeby, guide en Ecosse, 1 v.
365   *id.*   La dame au lac, 1 v.
366 *Wilson.*   Franck Oldefield.
367 *Walterscott.* Waverley.
368   *id.*   Charles le Téméraire.

SCIENCES

1	*L. Augé.*	Voyage aux sept merveilles du monde, 1 v.
2	*id.*	Les tombeaux, 1 v.
3	*Badin.*	Grottes et cavernes, 1 v.
4	*Baille.*	L'électricité, 1 v.
5	*Bernard.*	Les fêtes célèbres, 1 v.
6-7	*id.*	Les évasions célèbres, 2 v.
8	*Bocquillon.*	La vie des plantes, 1 v.
9	*De Brévans.*	La migration des oiseaux, 1 v.
10	*Castel.*	Les tapisseries, 1 v.
11	*Cazin.*	Les forces physiques, 1 v.
12	*id.*	La chaleur, 1 v.
13	*id.*	L'étincelle électrique, 1 v.
14	*Collignon.*	Les machines, 1 v.
15	*Colomb.*	La musique, 1 v.
16	*Deharme.*	Les merveilles de la locomotion, 1 vol.
17	*Deherrypon.*	Les merveilles de la chimie, 1 v.
18	*Depping.*	Les merveilles de la force, 1 v.
19	*Dieulafait.*	Les diamants et les pierres précieuses, 1 v.
20	*Dumoncel.*	Le téléphone, le microphone et le phonographe, 1 v.
21	*id.*	L'éclairage électrique, 1 v.
22	*Duplessis.*	Les merveilles de la gravure, 1 v.
23	*Flammarion.*	Les merveilles célestes, 1 v.
24	*id.*	Contemplations scientifiques, 1 v.
25	*Fonvielle.*	Le monde invisible, 1 v.
26	*id.*	Eclairs et tonnerre, 1 v.
27	*Garnier.*	Le fer, 1 v.
28	*J. Girard.*	Les plantes, 1 v.
29-30	*id.*	Les métamorphoses des insectes, 2 vol.
31	*Guillemin.*	La vapeur, 1 v.
32	*Jacqmin.*	Les chemins de fer, 1 v.

33 *Jacqmin.*	Les chemins de fer pendant la guerre, 1 v.
34 *Hélène.*	La poudre à canon, 1 v.
35 *id.*	Les galeries souterraines, 1 v.
36-38 *Jacquemart.*	Les merveilles de la céramique, 3 vol.
39 *Joly.*	L'imagination, 1 v.
40 *Lacombe.*	Les armes et les armures, 1 v.
41 *id.*	Le patriotisme, 1 v.
42 *Landrin.*	Les inondations, 1 v.
43 *id.*	Les plages de la France, 1 v.
44-45 *id.*	Les monstres marins, 2 v.
46 *Lanoye.*	L'homme sauvage, 1 v.
47 *Lasteyrie.*	L'orfèvrerie, 1 v.
48 *Laugel.*	Etudes scientifiques, 1 v.
49 *Lefèvre.*	Les parcs et les jardins, 1 v.
50 *id.*	Les merveilles de l'architecture, 1 vol.
51 *Lepileur.*	Le corps humain, 1 v.
52 *Lesbazeilles.*	Les colosses anciens et modernes, 1 vol.
53 *Lévêque.*	Les harmonies providentielles, 1 v.
54 *Marion.*	La végétation, 1 v.
55 *id.*	Les ballons et les voyages aériens, 1 vol.
56 *id.*	L'optique, 1 v.
57 *Marzy.*	L'hydraulique, 1 v.
58 *Masson.*	Le dévouement, 1 v.
59 *Menault.*	L'amour maternel chez les animaux, 1 v.
60 *id.*	L'intelligence des animaux, 1 v.
61 *Meunier.*	Les grandes pêches, 1 v.
62 *id.*	Les grandes chasses, 1 v.
63 *Millet.*	Les merveilles des fleuves, 1 v.
64 *Moitessier.*	L'air, 1 v.
65 *id.*	La lumière, 1 v.
66 *Moynet.*	L'envers du théâtre, 1 v.
67 *Radau.*	L'acoustique, 1 v.

68	*Radau.*	Le magnétisme, 1 v.
69	*Renard.*	Les phares, 1 v.
70	*id.*	L'art naval, 1 v.
71	*Renaud.*	L'héroïsme, 1 v.
72	*Reynaud.*	Les minéraux, 1 v
73-74	*Saucay.*	La verrerie, 2 v.
75	*Simonin.*	L'or et l'argent, 1 v.
76	*id.*	Le monde souterrain, 1 v.
77	*Sonrel.*	Le fond de la mer, 1 v.
78	*Tissandier.*	L'eau, 1 v.
79	*id,*	Les merveilles de la photographie, 1 vol.
80	*id.*	La houille, 1 v.
81	*Viardot.*	Les merveilles de la sculpture, 1 v.
82-83	*id.*	Les merveilles de la peinture, 2 v.
84-85	*Zurcher.*	Les météores, 2 v.
86	*id.*	Trombes et Cyclones, 1 v.
87	*id.*	Volcans et tremblements de terre, 1 vol.
88	*id.*	Les glaciers, 1 v.
89	*id.*	Les ascensions célèbres, 1 v.
90	*id.*	Les naufrages célèbres, 1 v.
91	*Faraday.*	Histoire d'une chandelle, 1 v.
92	*Fertiault.*	Les féeries du travail, 1 v.
93	*Figuier.*	Les grandes inventions modernes, 1 vol.
94	*Ernouf.*	Histoire de trois ouvriers français, 1 vol.
95	*Ramée.*	Histoire des chars, carrosses et voitures, 1 v.
96	*J. Macé.*	Histoire d'une bouchée de pain, 1 vol.
97	*id.*	Les serviteurs de l'estomac, 1 v.
98	*Figuier.*	La Terre avant le déluge, 1 v.
99	*id.*	La Terre et les mers, 1 v.
100	*id.*	L'homme primitif, 1 v.
101	*id.*	Les races humaines, 1 v.
102	*id.*	Le savant du foyer, 1 v.

103	*Figuier.*	Les grandes inventions, 1 v.
104	*id.*	La vie et les mœurs des animaux, 1 vol.
105	*id.*	La vie et les mœurs des animaux, 1 vol.
106	*id.*	La vie et les mœurs des animaux, 1 vol.
107	*id.*	La vie et les mœurs des animaux, 1 vol.
108	*id.*	Histoire des plantes, 1 v.
109	*Quatrefage.*	L'espèce humaine, 1 v.
110	*Sestier.*	De la foudre, ses formes et ses effets sur l'homme, 1 v.
111-112	*Dumeril.*	Sciences naturelles, 2 v.
113	*Maury.*	La terre et l'homme, 1 v.
114-115	*Secchi.*	Les étoiles, 2 v.
116	*Seneden.*	Commençaux et Parasites, 1 v.
117-118	*Bernstein.*	Les sens, 2 v.
119	*Berthelot.*	Synthèse chimique, 1 v.
120	*Luys.*	Le cerveau, 1 v.
121	*Huxley.*	L'écrevisse, 1 v.
122	*Tyndal.*	Les glaciers, 1 v.
123	*Roberty.*	La sociologie, 1 v.
124	*Maudsley.*	Le crime et la folie, 1 v.
125	*Stewart.*	Conversation de l'énergie 1 v.
126	*Bagehot.*	Lois scientifiques, 1 v.
127	*Joly.*	L'homme avant les métaux, 1 v.
128	*Garspach.*	La mosaïque, 1 v.
129	*Collignon.*	L'archéologie, 1 v.
130	*Brialmont.*	Les camps retranchés, 1 v.
131	*Duval.*	L'anatomie artistique, 1 v.
132	*Havard.*	La peinture hollandaise, 1 v.
133	*Gratiolet.*	De la physionomie, 1 v.
134	*Spencer.*	Introduction à la science, 1 v.
135	*Schutzenberg.*	Les fermentations, 1 v.
136	*Wurtz.*	La Théorie atomique, 1 v.
137	*Dumont.*	Théorie scientifique de la sensibilité, 1 vol.

	138 *Lostalot.*	Les procédés de la gravure, 2 v
	139 *Chesneau.*	La peinture anglaise, 1 v.
	140 *Laborde.*	La gravure, 1 v.
(bis)	141 *Gerspach.*	La mosaïque, 1 v.
(bis)	142 *Havard.*	La peinture hollandaise, 1 v.
	143 *Collignon.*	L'architecture grecque, 1 v.
	144 *Muntz.*	La Tapisserie, 1 v.
	145 *Clayton.*	Amour sacré de la Patrie, 1 v.
	146 *Deharme.*	Les merveilles de la locomotion, 1 vol.
	147 *Hément.*	Menus propos des sciences, 1 v.
	148 *Hémardinguer.*	Morceaux choisis de Buffon, 1 v.
	149 *Figuier.*	Les aérostats, 1 v.
	150 *Brothier.*	Mécanique, 1 v.
	151 *Delon.*	A travers nos campagnes, 1 v.
	152 *Maury.*	La terre et l'homme, 1 v.

SCIENCES MORALES ET POLITIQUES

1-2	*Ed. About.*	Les causeries, 2 v.
3	*id.*	Le progrès, 1 v.
4	*Audiganne.*	Les ouvriers en famille, 1 v.
5-6	*Bautain.*	La belle saison à la campagne, 2 v.
7-8	*id.*	Les chrétiens de nos jours, 1 v.
9	*Bouiller.*	Du plaisir et de la douleur, 1 v.
10	*Caro.*	Les jours d'épreuves, 1 v.
11	*Deraismes.*	France et progrès, 1 v.
12	*Desselligny.*	Influence de l'éducation sur la moralité et le bien-être des classes laborieuses, 1 v.
13	*Gasparin.*	L'égalité, 1 v.
14	*Kœpplin.*	Homme et nature, 1 v.
15	*Le vij-Binck.*	Méditations religieuses, 1 v.
16	*Monnot.*	La mission des femmes en temps de guerre, 1 v.
17	*Parunpaysan.*	L'école du sens commun, 1 v.
18	*Anonyme.*	Notre habitation terrestre et son architecte, 1 v.
19-20	*Riencourt.*	Les militaires blessés et invalides, 2 vol.
21	*J. Simon.*	Le Devoir, 1 v.
22	*id.*	L'ouvrière, 1 v.
23-24	*Théry*	Conseils aux mères, 2 v.
25	*Mme Colomb.*	Les deux mères, 1 v.
26-27	*Veill.*	La morale du Judaïsme.
28	*J. Simon.*	L'Ecole, 1 v.
29	*id.*	La religion naturelle, 1 v.
30	*id.*	La liberté de conscience, 1 v.
31	*id.*	La liberté politique, 1 v.
32	*id.*	La liberté civile, 1 v.
33	*id.*	La réforme de l'enseignement, 1 v.
34	*Caro.*	Etudes morales des temps présents, 1 vol.
35	*Stahl.*	Morale familière, 1 v.

36-37	*Taine.*	Philosophie de l'art, 2 v.
38	*id.*	Notes sur l'Angleterre, 1 v.
39-40	*id.*	De l'intelligence, 2 v.
41	*Baudrillart.*	La famille et l'éducation en France, 1 vol.
42	*Barni.*	La morale dans la démocratie, 1 v.
43	*J. Simon.*	Dieu, Patrie, Liberté, 1 v.
44	*Gréard.*	De la morale de Plutarque, 1 v.
45	*Barthélemy.*	Le médecin des enfants, 1 v.
46	*Marthe.*	Les moralistes, 1 v.

AGRICULTURE ET INDUSTRIE

1 *André & Angot.* L'astronomie pratique (Italie), 1 v.
2   *id.*   L'astronomie pratique (Etats-Unis), 1 vol.
3   *id.*   L'astronomie pratique (Ecosse, Irlande, Colonies), 1 v.
4   *id.*   L'astronomie pratique (Angleterre), 1 vol.
5 *Barral.* Le blé et le pain, 1 v.
6 *Beaufrand.* Les grands inventeurs (arts et industrie), 1 v.
7-9 *Bernardin de St-Pierre.* Etude de la nature, 3 v.
10 *Fabre.* Chimie agricole, 1 v.
11 *id.* Industrie agricole, 1 v.
12 *id.* Les serviteurs (animaux domestiques), 1 v.
13 *Gloger.* Nécessité de protéger les animaux utiles, 1 v.
14 *Joigneaux.* Causeries sur l'agriculture et l'horticulture, 1 v.
15 *L. de Jussieu.* Le camp, la fabrique et la ferme, 1 vol.
16 *Laboulais.* Considérations sur l'amélioration du sort de l'ouvrier, 1 v.
17-18 *Laurens.* De l'agriculture au point de vue chrétien, 2 v.
19 *Lefour.* Sol et engrais, 1 v.
20 *Meunier.* Géologie agricole, 1 v.
21 *id.* Géologie appliquée aux arts et à l'industrie, 1 v.
22 *de Kobell.* Détermination des minéraux, 1 v.
23-29 *Thévenin.* Entretiens populaires, 7 v.
30 *de Varennes.* Les veillées de la ferme, (entretien sur l'agriculture), 1 v.

— 48 —

N.-B. — La Bibliothèque populaire possède en outre une collection de livres allemands de 250 volumes.

Belfort. — Typographie et Lithographie Alphonse PÉLOT.

www.ingramcontent.com/pod-product-compliance
Lightning Source LLC
Chambersburg PA
CBHW070315100426
42743CB00011B/2452